Lettre à la Présidente

Voyage en Italie
— 1850 —

LETTRE À LA PRÉSIDENTE.

IMPRIMÉ A CENT EXEMPLAIRES.

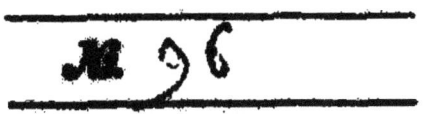

Théophile Gautier

LETTRE À LA PRÉSIDENTE

VOYAGE EN ITALIE
— 1850 —

DE L'IMPRIMERIE

DU MUSÉE SECRET DU ROI DE

NAPLES

— 1890 —

AVIS AU LECTEUR.

Émile Bergerat, *gendre de Théophile Gautier, dans son curieux livre si documenté :* «Théophile Gautier, Entretiens, Souvenirs et Correspondance — 1879, Charpentier» *s'exprime en ces termes, dans une note à la suite de la lettre I, à* Eugène, de Nully, 1835 *:* « *Quant au ton qui règne dans cette lettre et que j'ai été contraint d'adoucir, je l'avoue, il ne faut pas oublier que le Maître avait* 24 *ans quand il l'écrivit, qu'il l'adressait à un ami intime, comme lui, romantique à tous crins, et habitué au parler salé des ateliers de l'époque. Du reste, elle n'était pas destinée à la publicité ; il est inutile de le faire remarquer. Théophile Gautier a écrit deux ou trois lettres libres dans sa vie, (une* entr'autres, pendant son voyage en Russie plutôt pour exercer la verve rabelaisienne qui était en lui, et s'amuser à l'emploi de mots tombés en désuétude, que pour les raisons vulgaires que l'on supposerait.

Il maniait la langue des vieux conteurs gaulois avec une éloquence prodigieuse; l'une de ces lettres, dont je parle, le fait l'égal de Rabelais; de ce morceau d'exécution, les artistes de notre métier qui le connaissent, ne parlent qu'avec enthousiasme: c'est le récit d'un voyage en Italie; il comprend plus de vingt pages et formerait une plaquette... s'il était imprimable. Il ne l'est pas, malheureusement, car il démontrerait quel orfèvre des mots c'était que Théophile Gautier et quel conteur!»

Cette démonstration que Monsieur Bergerat ne jugeait pas possible, cette lettre, ce chef-d'œuvre de langue grasse et colorée qu'un excès de pudibonderie a tenu si

…ngtemps sous le boisseau, nous le donnons, pour la première fois, pour l'esbattement des pantagruélistes et non aultres, comme dit Maître François.

Nous entendons offrir aux curieux bibliophiles, le pendant, en prose, de la jolie publication qu'un Artiste-Editeur, nous avons nommé Poulet-Malassis, leur a offerte en 1873, sous ce titre: «Poësies de Théophile Gautier qui ne figureront pas dans ses œuvres. — France, Imprimerie particulière, ornées d'un portait singulier.»

Cette pièce d'éloquence spermatico — breneuse, peut hardiment se présenter comme inédite, malgré l'édition torcheculative parue il y a quelques temps, imprimée au fond d'une cave, et due à l'inepte collaboration d'un courtier, d'un imprimeur et d'un éditeur Parisiens plus marrons l'un que l'autre.

Rome, 19 Octobre 1850.

Présidente (¹) *de mon cœur*,

CETTE lettre ordurière, destinée à remplacer les saloperies dominicales, s'est bien fait attendre ; mais c'est la faute de l'ordure et non celle de l'auteur.

La pudicité règne en ces lieux solennels mais antiques, et j'ai le grand regret de ne pouvoir vous envoyer que des cochonneries breneuses et peu spermatiques. Je vais procéder par ordre de route :

A *Genève*, le gouvernement vous recommande, à la porte de la ville, de voir *ci derrière ;* ce qui est beaucoup, dans une ville protestante, où, pour humilier les catholiques, et leur montrer qu'ils ne sont que des payens sensuels, les femmes se rabotent le cul et les tétons avec la varlope de la modestie, selon la méthode américaine.

Nous avons fait tous nos efforts pour voir ces douze fesses prescrites par l'autorité, et nous n'en avons vu que quatre, sur la corde raide, séparées par un périnée plafonnant, et formant, sous la jupe de deux jeunes saltimbanques allemandes, deux culs rebondis, qui ne devaient pas être désagréables dans le tête à tête.

Ne sachant pas l'allemand, il nous a été impossible de prendre langue avec ces derrières, dont l'un était digne de la Mignon de Goethe, parcequ'il ne l'était pas, mignon.

Oh! que volontiers, céleste cul, qui m'apparus entre quatre chandelles, j'aurais déployé, en ta faveur, une des quatorze redingotes, objet de l'inquiétude de Louis (²) qui les change de place à chaque instant!

La nuit suivante, Dom Jacquemart de Bandeliroide, préoccupé de ce cul blanc voltigeant sur le bleu du ciel, me fit rêver que j'étais Brindeau, du Théâtre français, et, qu'avec l'habileté au bilboquet qui caractérise ce pédéraste grassouillard, je recevais, sur une pine en buis, la petite danseuse, attachée, par la ceinture, à une ficelle. La fausse-couche marécageuse et géographique, qui devait résulter de ces fantasmagories nocturnes, n'eut pas lieu, parceque le vilebrequin d'amour me terebrait le nombril avec tant de force que l'angoisse m'éveilla, mon rêve m'ayant transformé en planche à bouteilles, sur l'établi d'un menuisier. Louis plaqua là-

chement un foutre épais et jaune, et l[a]
chambrière, en faisant son lit, aura p[u]
découvrir l'Amérique dans ses draps[.]
Voilà pour *Genève*, la patrie de Mr. Crépi[n]
et de Mr. Jabot, dont le gouvernemen[t]
emprunte le style. Du reste, pas un vi[t]
sur les murs, ils sont sans doute dans le[s]
con des femmes, si l'on peut appeler con
cette machine à faire des horlogers que
les protestantes trimballent entre leurs
cuisses décharnées, sous un maigre bouquet de poils à qui les fleurs blanches font faire pinceau.

Dans le *Valais*, nous avons rencontré ma chimère, c'est à dire la femme à trois tétons; mais le troisième était un goître et c'était le seul dur. Je n'ai pas été tenté de demander à cette Isis suisse si elle avait le con en travers, fantaisie chinoise qui m'affriole. Dans l'auberge du *Simplon*, dont le papier représente les Anglais en Chine, comme un roman de

…éry, un parapilla ailé et monstrueux s'introduit dans la bouche de Lady Beninck, qui s'écrie « Very delicious! » Les canons sont transformés en membres qui déchargent, les roues forment les couilles, les canons, la pine, et la fumée simule la mousse éjaculatoire: ces embellissements priapiques sont dûs au crayon libidineux de jeunes rapins français.

A *Domo d'Ossola*, les lieux, que quinze heures de route nous faisaient un devoir de visiter pieusement, pour y déposer nos libations, présentaient un aspect enchanteur et féérique; ils étaient peints à fresque et représentaient des bouquets de roses qui s'épanouissaient comme des trous du cul de blondes, avec une touche de pourpre au milieu. Il est fort agréable de s'accroupir, ayant l'œil sur ces anus fleuris, ou sur ces fleurs anales, dépliant leurs pétales: les fronçures d'un sphincter, prêt à boire une pine, ou à vomir un étron.

Une chose me jeta dans une grande perplexité, c'était une petite bouteille d'huile, où trempait une plume, posée sur une planchette; je demandai au garçon quel était l'usage de cette huile et de cette plume; il se troubla, rougit, balbutia et s'enfuit. Je pensai d'abord que son usage était de faciliter les opérations stercorales aux anus garnis d'hémorrhoïdes qui voyagent sur des ronds Rattier et Guibal. Mais il paraît que cette huile servait à lubréfier le derrière de ce joli garçon, fort recherché des Anglais qui vont en Italie satisfaire leur goût de pédérastie, punie de la corde dans leur aimable île; attention touchante du gouvernement, qui procure ainsi quelques vieux coups aux Anglaises, qui ne seraient jamais baisées sans cela. Figurez vous, ô Présidente, dans cette latrine ornée de roses, lieu ordinaire des rendez-vous, un Lord passant gravement le plume au cul de ce

eune fumiste, mal torché, mais étroit :
Lord Brougham, ou Lord Palmerston, ou
tout autre personnage vénérable, couleur
de pralines, avec des favoris et des sourcils blancs.

Le soir, on nous a donné un spectacle de marionnettes ; l'homme et la femme, très jeunes tous les deux, et récemment mariés, prêtaient leurs voix aux petits personnages. La femme, armée d'un clitoris qui faisait relever sa robe, comme un bout d'épée, ou une pine en érection, avait un organe trombonnant, un contralto poilu, genre Crapobiska, dans le goût d'Ernesta, et le mari, une voix flutée, genre Abeilard, après l'opération ; ce qui ne l'empêchait pas de foutre et de branler sa femme pendant les monologues des héros en butte aux rigueurs du sort et de l'amour ; divertissement qui faisait trembler la toile, marquer les genoux de la femme au milieu de la décoration, et trainer les jambes des marionnettes, au moment de la pâmoison.

A *Sesto Calende*, j'ai vu de pauvres poules si souvent cochées par des coqs trop nombreux, qu'elles avaient le dos entièrement déplumé, le croupion à vif et allaient se mettre d'elles-mêmes à la broche, pour échapper à ce martyre. Car, ô Présidente, si tu étais seulement grimpée vingt-deux fois par minute, et cela depuis trois heures du matin jusqu'à huit heures du soir, peut-être trouverais tu que c'est de trop. Il est vrai que les femmes n'ont pas les mêmes idées que les poules ; celles-ci portaient d'ailleurs une seule plume au cul, pour la commodité des jeunes gitons d'auberge, qui, lorsqu'ils voient une calèche anglaise, vont la leur arracher et la trempent dans la petite bouteille d'huile attendant l'évènement.

A *Milan*, nous avons eu ascension dans la flèche de la cathédrale, vît de neige qui défonce le ciel. Les murs de l'escalier sont historiés de recommandations de propreté les plus bizarres et les plus variées. L'Italien est si naturellement porc, qu'il se vide n'importe où, ce qui est cause que les vidangeurs meurent de faim dans ce pays qui donne la botte au cul de la Sicile. J'ai recueilli quelques inscriptions :

> Il faut garder, pour la maison,
> Le superflu de la boisson.

> Les gens qui sont de bonne race,
> Ont soin de pisser sur la place.

> Si vous sentez quelque besoin,
> Gardez-vous de salir ce coin.

Ce faible échantillon suffira à votre intelligence ; il y a des pancartes équivalentes pendant la valeur de 512 marches au dessus du niveau de la mer, et non de la merde, car on en trouve sur les flèches les plus aiguës, qui n'ont pas été pondues par des hirondelles, mais bien par des hommes « *Evpinpoxoroi andres* » comme dit Aristophane, dans sa grande dispute du Juste et de l'Injuste; (ce grec, si Fernand n'est pas là pour vous l'expliquer, ne veut rien dire de malhonnête, mais seulement hommes à vastes trous du cul; ne vous branlez pas l'imagination dessus).

Dans ce même Milan, à l'hôtel de la ville, dans les lieux, qui perdent leur nom, et s'appellent jardins, par un euphémisme de bon goût, d'ou l'on a fait jardiner, pour chier, nous avons trouvé un sonnet déchiré en deux, à la louange de l'incomparable Sofia Cruvelli, célèbre chanteuse, parfaitement inconnue.

Qui pouvait posséder assez d'exemplaires de cette précieuse poésie, pour s'en torcheculatiser de la sorte, si ce n'est la Diva elle-même? Le sonnet était de la force d'une robe de chambre de papillotte, mais, ce qui le rendait sans prix, c'était

ne touche d'un roux doré, très riche, très
chaud, rappelant les Terres de Sienne, les
momies et les bitumes les plus titianes-
ques; il n'y avait point de pépins de figues
ledans, mais un poil d'un noir bleu, très
dru, très crespelé, qui fit délicieusement
errer mon imagination érectile des hau-
teurs crépues de la motte, jusqu'au soleil
de poils épanoui autour de la rose mys-
tique, par les soupirs d'un ventre mélan-
colique. J'enviai le sort de ce papier, qui
avait traversé ce fauve entre-fesson, frôlé
ce boyau culier, effleuré ces badigoinces
couleur de chocolat, et chatouillé ce clitoris
au capuchon cuisse de créole; et, tout en
allongeant mon prépuce, comme un bout
de savate, je filai, avec une glaire, aussi
limpide qu'un cheveu de cristal, le quatrain
suivant :

> Heureux jardin qu'elle bêcha!
> Heureux privé qu'elle enfourcha!
> Heureux papier qu'elle tacha!
> Heureux sonnet qui la torcha!

A Milan, on se baigne avec les femmes, dans des baignoires de marbre blanc nous avions les baignoires, mais par les femmes, et nous nous sommes bornés à nous laver le gland, dans le silence du cabinet de bain, sans avoir rendu ce soin de propreté nécessaire par aucune intromission suivie de bave et de fromage.

Mais il parait que les bains servent de maison de passe et qu'on y va casser une croûte de cul, comme en France, chez les restaurateurs. La baignoire sert à la fois de divan et de bidet, et le membre joue, en même temps, le rôle de godemiché et celui de seringue à injection, malheureusement le jet n'est pas continu.

De Milan a Venise, je n'ai rien de priapique à dire, si ce n'est une atroce érection, causée par la masturbation d'une voiture mal suspendue, dont les coussins me branlaient l'entre-cuisses d'une façon dépravée; figurez-vous un os à moëlle, ne corne de cerf, tout ce que vous pourez imaginer de plus dur. On eût dit un vit antédiluvien, pétrifié dans une grotte de stalactites, un phallus de bronze, tombé des aines du dieu de Lampsaque, un Lingam indien, voulant faire la conjonction mystérieuse avec l'Ioni sacré, un symbole générateur, sorte de van symbolique des processions d'Eleusis, une colonne napoléonienne, dressée sur la place Vendôme de mon pubis, un pupitre pour lire l'Evangile d'amour, dans la messe de Vénus.

Oh! qu'une main s'introduisant par l'interstice de ma culotte effondrée, et s'arrondissant autour de ce bâton de chair, comme un con idéal, m'eut été agréable, dans cette dure situation! Comme une langue, m'argentant d'une salive luxurieuse ce filet de prépuce, qui est le clitoris de l'homme, m'eût fait lancer, au plafond de la voiture, un jet de purée spermatique ! Pourquoi un cul sphérique et blanc entr'ouvrant ses cuisses rondes, élastiques et fraîches, n'a-t-il pas fait déboucher dans le centre des délices, dans le paradis vermeil, dans le cassenoisette d'amour, ce maître Jean Chouart, ce champignon de braguette, ce pilon du mortier de Cythère ? c'eût été un fier carillon de couilles, et un rude brimballement de choses et d'autres.

Au bout de neuf lieues, et après trois changements de postillons,.... pas dans le cul, je débandai, et passai de midi à six heures, sans l'aide de la fourchette de St Carpion. Mon imagination calmée et débarrassée des fantaisies en forme de croupes, poils et cons, qui me caracolaient dans la cervelle, revint au sentiment de la réalité ; et je m'aperçus que je n'étais pas dans les nuages d'un ciel priapique, mais bien dans un affreux tourbillon de poussière ; sur quoi je fis ce quatrain :

> Filtrant son grès insaisissable
> A travers nos cils chassieux,
> Le vent recure, avec du sable,
> Les casseroles de nos yeux.

Voici nos aventures à *Venise:* En regardant des jaserons dans une boutique, nous vîmes une jolie fille en chemise, vêtue seulement d'un bout de châle, dont la pointe lui baisait le cul; point de bas, des savates aux pieds, le téton au vent, un œil qui lui faisait sept fois le tour de la tête, une bouche qui semblait avoir trois rangées de dents, comme les requins, et, à la nuque, un chignon composé d'un tas de nattes, enroulées comme une chaîne d'ancre, sur le tillac d'un vaisseau à trois ponts. Elle s'engueulait avec le bijoutier, à propos d'une bague en or creux, de la valeur de trois ou quatre swanziks, l'appelant chien, fils de vache, maudit, excrément de putain, mouchard, galérien, et allemand, la plus grande injure de toutes. Elle jurait et sacrait par le corps de

Bacchus et le sang de Diane ; enfin, elle était en fureur et charmante. Nous lui achetâmes sa bague, et je lui dis de venir à la maison, sous pretexte de portrait. Elle vint deux ou trois jours après, et j'en fis un bout de pastel qu'elle emporta. La connaissance était faite, mais nous étions deux contre une, ce qui était presque aussi lâche que d'être cinq contre un, comme chez la veuve Poignet. Nous tirâmes la jeune fille à pile ou face ; Louis gagna, et, en conséquence, fut heureux.

Voir son bonheur, ci-joint, décrit par lui-même, en style des dieux. (¹)

. . . .
. . . .
. . . .
. . . .

J'ajouterai seulement ce détail, qui semble indiquer une virginité douteuse : à l'heure du berger, au moment suprême, quand le jeune couple s'apprêtait à trinquer du nombril, la jeune épouse se mouilla les doigts dans la bouche, et se les passa dans la fente inférieure, pour lubréfier les grandes lèvres, savonner les nymphes, rendre glissantes les parois vermiculaires, et faciliter l'entrée triomphante de la pine de mon ami. Je jouai, dans cette scène amoroso-mélancolique, le rôle de l'esclave cubiculaire de l'antiquité, tenant, d'une main, la chandelle, et, de l'autre, ma queue.

Aussi, la jeune enfant, touchée de mon sort, amena, à la seconde visite, une amie agée de 18 ans «comme un vieil bœuf» blonde, rose, les traits réguliers, la physionomie douce et triste, assez jolie, en somme, sauf des dents désordonnées, trop anglaises, pour une Vénitienne qui était de Turin. Pendant que je jouais, auprès d'elle, le rôle de Mr Grimpe-aux-cuisses, candidat politique, rival de Mr Croque-ma-joue, c'est à dire pendant que mes mains, doigtées en crabes, et faisant pattes d'araignée, se rendaient au café des deux colonnes, ou fond duquel se trouve l'estaminet du sapeur, cette beauté me raconta son histoire, qui ne ressemblait pas à celle de Julie. (*) Elle était danseuse figurante à la Fenice, mais le bombardement avait fait fermer le théatre, et interrompu sa carrière chorégraphique; ne pouvant plus montrer son cul en public, elle le montrait en particulier. Son con, assez petit, était fourré d'un poil court, droit, et serré comme du feutre, ou le poil d'un col de chien; je lui fis sortir ses tétons de son corset, dont quelques lacets étaient desserrés; ils étaient gros, passablement fermes, très blancs, veinés de bleu, avec un petit bout rose entouré d'une grande auréole couleur d'Hortensia. Le lait qui les gonflait leur donnait un air de tetons Rubens qui eût charmé Boissard et ne me déplaisait pas.

J'ai oublié de dire que la pauvre créature

tait un peu enceinte, sous pretexte que l'armée autrichienne ne se retire jamais, et que les Hongrois ne sont pas hongres; quoique, selon *Gérard* (¹) il faille prononcer hongrais, comme français. Quand je tripotais le cul de la respectable mère, le fœtus, renfermé dans le petit ventre potiroforme de l'ex-danseuse, sachant ce que cela voulait dire, et habitué à de pareils préludes, sautelait, sous son enveloppe blanche, comme un crapaud sous une serviette, et se rencognait au fond de la matrice, pour éviter les coups de pine. De même, un chat qu'on poursuit sous un lit, avec un bâton, se colle à la muraille, et se pelotonne piteusement. Sa tête faisait une petite bosse dans le flanc maternel; je me demandai si je fourgonnerais ce fœtus injecté par une seringue autrichienne; si j'avais été sûr que ce fût une fille, j'aurais assez volontiers cueilli ce pucelage dans le con de sa maman; mais, j'eus peur, étant en Italie, que ce ne fût un petit pédéraste, un giton embryonnaire, un bardache précoce, un bougre anticipé, qui me tendît le cul avant l'âge, et me conduisît à son anus par le vagin maternel. Il faut dire aussi que les treize redingotes anglaises étaient dans la poche de Louis, et la quatorzième à son membre impérial et triomphant. De vagues visions de capsules gélatineuses et de racines de fraisiers, dansèrent devant mes yeux, et je mis délicatement, dans la main de la jeune personne, ce qu'elle croyait que j'allais lui mettre au cul. Mon index, ou plutôt mon doigt annulaire, convenablement salivé, s'introduisit entre les babouines de sa nature, et quelques frictions voluptueuses sur les petites feuilles du clitoris, développèrent bientôt cet intéressant organe.

Cette jeune éleve de Terpsychore, aussi adroite de ses mains que de ses pieds, amena, avec un mouvement lent d'abord, puis précipité, la peau de mon prépuce d'avant en arrière et d'arrière en avant, sur un rythme qui ressemblait à un air de *Giselle*,(⁶) et cet exercice, répété quelque temps, amena, chez elle, une eau claire, une mousse limpide et blanchâtre, et, chez moi, un sperme épais, gluant, plein de grumeaux, et qui avait l'air, dans le creux de sa main, d'un pot de gelée de pommes de Rouen renversé. A peu près sur ces entrefaites, le gars Louis sortit de sa turne, la mine satisfaite, la crête en l'air et l'œil émerillonné, comme un coq qui descend d'une poule qu'il vient de cocher. La Vicenza, (c'était le nom de sa beauté) faisait bouffer sa robe sur son cul, de l'air le plus détaché du monde ; c'est ainsi que se passèrent nos amours à Venise. Louis dépensa encore une redingote avec la jeune Vicenza, ce qui réduisit à douze le nombre de ces boyaux neutralisateurs.

Quelques jours auparavant, nous avions rencontré, sur la place St. Marc, un ruffian qui nous proposait des téguments en baudruche ; à quoi nous répondîmes que nous étions nous-mêmes des négociants en intestins de mouton, et que le moindre con ferait mieux notre affaire. Cet animal nous promit que, le soir, il nous trouverait des étuis à pine, des moules à rédingotes. C'est à dire des putains idéales, genre magique, des Paul Véronèse, des Titiens découpés, dans les prix doux. Le soir, il se mit en marche d'un pas affairé et mystérieux ; nous le suivîmes discrètement ; il s'enfonça dans un dédale de ruelles inextricables et dans une succession de coupe-gorges variés ; nous hâtons le pas, et alors, commence à travers les rues de Venise, qui ont deux pieds de large, une course échevelée à la manière de la patrouille turque de Decamps. Les basques de nos paletots volaient au vent, et otre casquette se retroussait par la rapidité de la course; notre ombre avait peine à nous suivre sur les murs, et dessinait derrière nous la plus drôle silhouette du monde.

Jamais Zebecks ne coururent d'un tel train après leur pacha. Celà nous fatiguait beaucoup, surtout à cause de l'horrible état ou nous étions; nos pines nous sortaient par la ceinture comme des pommeaux de Yatagans, et nos testicules jouaient des cymbales dans le fond de nos culottes. Enfin, le maquereau nous introduisit dans un cul.... de sac, au fond duquel se trouvait un abominable taudion, garni d'une poupée plus ou moins à ressorts, une Carconte (7) premiere qualité, en robe noire décolletée, la peau frottée avec une couenne en guise de cold-cream, usée, sucée, limée, une rosse sur ses boulets, qui, outre les cicatrices du bubon qu'elle pouvait avoir aux aines, montrait, au cou, quelques trous d'écrouelles. Quand je vi[s] cette Margot, je fis trois pas en arrière et m'excusai sur ce que nous étions deux à quoi elle me répondit gracieusement qu[e] cela ne faisait rien, et que nous l'enquillerions tous les deux en même temps, l'un par devant, l'autre par derrière. Cet arrangement ne nous ayant pas plu, le ruffian nous fit faire encore deux ou trois lieues dans des quartiers inimaginables, sonnant à des portes d'où les gens sortaient pour lui dire des injures; car, nous voyant difficiles, il voulait nous introduire dans le sein des familles, et, frappant au hazard, demandait dans la maison s'il y avait une fille de bonne volonté qui voulût se faire fauberder le gin-gin, moyennant finances, par des forestiers anglais, cossus, quoique mal mis. Par un hazard extraordinaire, toutes les Vénitiennes furent vertueuses ce soir là; ou, ce qui est plus naturel, toutes étaient en train de foutre, et n'ont as voulu faire déconner leurs amants, pour se faire poisser le museau de tanche par de vils étrangers. Nous avons aussi rencontré un jeune peintre qui avait tiré soixante coups en quinze jours, toujours avec des femmes nouvelles, sans se mettre la pine en papillotte dans du papier végétal, et qui pourtant ne coulait pas encore.

O prodige ! notre Don Juanisme fut bien humilié par cette rapidité de conquêtes. Chez ce peintre, je vis un très beau cul et une superbe motte dont je vous envoie la description ci-jointe: (⁸)
On aurait pu s'entendre avec elle, mais quelque jours après, nous apprimes qu'elle était allée à *Padoue*, ce qui veut dire que le gouvernement l'avait déportée en terre ferme, la trouvant trop molle à la fesse ou trop folle à la messe, pour rester dans une île.

En bon français, elle avait des fleurs vertes.

Il y avait bien l'hôtesse de la maison, jeune gouge assez agréable, sauf un nez droit, taillé dans le marbre d'une façon trop riche; mais elle était en gésine, et quelque entreprenant que l'on soit, on ne peut faire remonter un fœtus à coups de pine dans le ventre de sa maman ; et il n'est pas drôle de sentir un môme faire la culbute sur le tremplin de votre gland. Nous aurions craint de nous écorcher la queue à quelque forceps oublié, ou de rencontrer, dans ce vagin parturiant, des pattes de sage-femme à l'ouvrage.

Je ne te cache pas, Présidente, que cette jeune accouchée parut nous trouver grossiers et indélicats de ne pas nous précipiter dans le torrent de ses vidanges, à travers ses placentas, arriére-faix et membranes amincies. Quoique agée de vingt-deux ans à peine, elle avait déjà dégueulé six moutards par sa bouche poilue. Ces six moutards étaient tous claqués; les enfants ne vivent pas, à Venise; ces jeunes crevés s'appellent des avocats, en ce qu'ils sont censés aller en Paradis plaider la cause de leurs parents. A peine sur cinq ou six, en survit-il un. Le reste est pour la casse.

Padoue est peuplé de très belles filles, qui viennent y faire un tour de casserole, à cause de l'Académie de médecine. Les repas y sont ainsi composés: Mercure, Copahu, Cubèbe, Salsepareille, Nitrate d'argent et autres ingrédients à la Charles Albert. On s'y mouche avec précaution, de peur que le nez ne vous reste aux doigts; il faudrait y baiser avec des redingotes en tôle galvanisée, pour être sûr de son affaire. A l'auberge, on nous a fait voir les commodités d'*Esselin*, tyran de Padoue, bien autrement féroce qu'Angelo. C'est là que la *Catarina*, détail omis par ce lâche *Hugo*, s'évanouissait en foires, pendant que son mari et la

Thisbé tenaient leurs conversations de croque-morts.

Dans ces lieux, il faut s'accroupir sous une barre de bois qui vous casse les reins quand vous vous relevez, ou se percher sur cette même barre qui tourne, et vous précipite dans une mer de bran. La fusée de la Catarina, épanouie en soleil contre le mur, se distingue parfaitement à l'œil nu et mieux encore à l'œil habillé.

Florence contient une putain unique; elle demeure dans une famille honnête, chez un tapissier. Vous entrez, vous demandez une table de nuit, un bidet, ou tout autre meuble de ce genre, d'un air fin et libidineux, et l'on comprend. Mais cette pauvre créature est si occupée, qu'il faut se faire inscrire quinze jours à l'avance; si elle se lavait, elle mettrait l'Arno à sec; mais cela prendrait du temps. Il n'est accordé à chaque client que six mouvements en avant et six en arrière;

ceux qui liment paient triple, suivant la longueur du culetage. Il y a bien deux bouquetières très hardies, très provocantes, et qui semblent toujours prêtes à tomber sur le dos; mais, la première a tiré une fois un coup pendant lequel elle a attrapé une vérole qu'elle a encore, selon les uns, dont elle est guérie, selon les autres, mais qui la rend plus farouche au montoir qu'une mule écorchée. La seconde est amoureuse d'un voleur qui la rend d'une vertu inexpugnable ; quant aux femmes honnêtes, il est difficile de les bourriquer, par ce qu'elles ont toujours un cataplasme viril sur la motte. Le mari, l'amant et le domestique se succèdent avec bien peu d'interruption ; il faut attendre une vacance, et se tenir au bord du con, sa racine à la main, pour la planter au moment où la place est vide, ce qui arrive rarement. Il y a, en outre, à Florence, un tas de tortues interlopes, plus ou moins séparées de leurs maris, de gaupes scandaleuses, de Carconte passées de mode, de lionnes sous la remise, de réputations détraquées, de matrices décrochées, de vagins à pessaires, de mouchardes russes, de bas-bleus anglais, de tribades douteuses, et de pédérastes vagues, où l'on pourrait trouver à loger son ver, si l'on avait les goûts de *Balzac*; mais, pour cela, il faut aller, tous les jours, aux *Cascines*, faire la conversation sur le marche-pied des calèches, en costume de première représentation des Bouffes, des gants blancs jusqu'au coude et des bottes vernies jusqu'au cul, une queue d'œillet fichée dans l'urètre, et une brochette à la boutonnière; le tout pour écouvillonner un vieux canon encrassé, qui a tiré plus de trente mille coups.

A *Rome*, l'on folichonne l'as de trèfle aux petits abbés, mais les femmes ont une peur horrible des ratichons et des papegaux en serpillière, qui leur fourrent eur goupillon au cul, en leur aspergeant l'intérieur du ventre de foutre de prêcheur, le plus coulant de tous, s'il faut en croire *Beroalde de Verville*. Toute putain doit être mariée, sans cela, on la flanque en prison, et les grimpeurs, s'ils sont pris, paient trois cents francs d'amende. La seule industrie des Romains, est d'épouser une belle fille, qu'ils prostituent aux cardinaux et aux forestiers. Malgré cette apparence décente, il règne ici une vérole splendide, américaine, aussi pure que du temps de François 1er. L'armée française, toute entière, est sur le flanc; les poulains éclatent dans les aines comme des obus, la chaude-pisse jaillit en jets purulents, et rivalise avec les fontaines de la place Navone; des rhagades et des crêtes-de-coq pendent, en franges pourprées, au derrière des sapeurs, sapés dans leurs fondements; les tibias s'exfolient en exostoses, comme des colonnes de vert antique dans une ruine romaine; des constellations pustuleuses étoilent les deltoïdes de l'Etat-Major; et l'on voit se promener par les rues, des lieutenants tachetés et mouchetés comme des panthères, par des roséoles, des éphélides, des taches couleur de café, des excroissances verruqueuses, des fics cornés et cryptogamiques, et autres accidents secondaires et tertiaires, qui paraissent ici au bout de quinze jours. Vous voyez les colonels, et même les simples soldats, marcher en compas, les jambes écarquillées, ayant pour hernies de monstrueuses chaudes-pisses tombées dans les bourses. On dirait des voleurs de potirons, qui auraient caché leur vol dans leur pantalon. Aucun vit n'est droit; ils se recourbent tous en replis tortueux, comme le serpent de mer de M. *Jean Racine,* ou comme le navet qui sert de membre à cet âne de *Vacquerie* (âgé de 34 ans). Cinq cents pines sont restées

...ur le carreau, et un millier d'hommes ...clopés demandent les capucins pour ...nvalides. Les Romaines nous ont blessé ...lus de monde que les Romains ; c'est ...lommage, car elles sont outrageusement belles, d'une beauté lourde, compacte, massive, mais incontestable.

Elles sont énormes, et semblent descendues des piédestaux du Musée. Vingt enfants tiendraient à la fois dans leurs flancs robustes ; il faudrait des corsets garnis de fer, pour contenir leurs gorges orgueilleuses.

L'histoire de la mère de *Beatrice Cenci*, à qui l'on ne pouvait couper la tête, parceque ses tétons, gros comme des bombes, l'empêchaient d'appuyer son cou sur le billot, (et qui m'avait toujours paru singulière), se comprend parfaitement ici : ce n'est pas la grande tétasse avalée et brimballante de Rubens, le grand baquet de colle à la flamande, qui tremble à chaque mouvement, le Niagara de viande qui ruisselle, du haut de la poitrine, sur les montagnes du ventre, et dans les vallées du pubis, comme on voit dans les bacchanales de *Jordaens :* ce sont deux mappemondes que l'on porte devant soi, un second cul, appliqué sur l'estomac, deux immenses terrines, vues du coté bombé, un Capitole et un Palatin de chair humaine.

L'autre soir, nous avons été visiter une jeune beauté, qui, après avoir fait quelques façons, et s'être assurée que nous n'étions pas des mouchards, a ôté sa robe et s'est décerclée, pour nous permettre de patiner ses charmes à cru. Sa gorge a fait explosion dans la chambre, défoncé le plancher, débordé dans la via Condotti, roulé par le Corso, jusqu'à la place de Venise, et nous a laissés ensevelis sous un déluge de lys et de roses (style *Dupaty*). Louis, écrasé sous la chute de cette double montagne de Goldan, et pris entre ces lobes, aussi gros que les ballons de Green, lança une glaire argentée dans l'étroit ravin, où il marqua sa trace, comme un escargot sur une feuille de vigne; et moi, je m'esquivai pour faire son épitaphe, s'il restait enterré sous cet éboulement. Il pense, de cette façon, n'avoir pas attrapé la vérole, mais il n'est pas sans inquiétude sur la gale; cependant, aucun acarus ne s'est encore produit sur son muscle caverneux.

On vient de nous donner l'adresse d'une femme mariée, rue des quatre fontaines, N° quarante-huit, près de l'obélisque de Monte-Cavallo, pine de granit qui lui sert d'enseigne. Elle demeure au premier piano (ce mot, qui n'a aucun rapport avec *Erard*, signifie étage) et s'appelle Nana. Son mari sort tous les jours, de midi à trois heures, et alors les forestiers arrivent; et Nana, qui est, dit-on, la plus belle femme de Rome, se met nue comme un plat d'argent, comme un mur d'Eglise, comme un discours d'académicien, et montre son cul à la société, qui est libre de la retourner. Ce coup plastique coûte de cinq à dix francs, selon que l'on se contente de regarder ou que l'on consomme réellement. Le mari rentre à trois heures; la Nana remet sa chemise et vaque aux soins du ménage, en femme honnête. Cette aimable industrie a procuré au marlou une maison et quelques rentes. Nous l'irons voir et je vous en donnerai une description détaillée.

On nous parle de *Naples*, et d'une certaine via Capuana qui n'est qu'un bordel d'une lieue de long. Mais, n'anticipons pas sur les ordures, et gardons quelques porqueries pour la bonne bouche. Pardonnez moi, chère Présidente, cette interminable lettre, et sachez moi gré des efforts que j'ai faits pour ne pas blesser votre pudeur. J'espère, dans ces sujets indélicats, n'avoir jamais oublié que le latin, dans les mots, brave l'honnêteté, mais que la lectrice française ne veut pas être respectée.

Bientôt, je pourrai reprendre ma place au banquet dominical, et laisser la plume pour la langue (oh! que n'est-elle fourrée) je ne serai pas difficile sur le choix du trou.

LE COCHON IMAGINAIRE
ou
LE SALOP SANS LE SAVOIR.

P.S. Présentez mes indécences les plus érectiles à M{ll} Bébé-beuh! euh! et mes condoléances à la moelle épinière de Fernand, myéliteux ([9]) au troisième degré. Si ce papier n'était pas si frivole et si torcheculatif, je vous prierais de présenter mes saluts affectueux à Alfred ([10]) mais je n'ose déposer mes hommages le long de ce mur.

Rome, ce 19 Octobre 1850.

NOTES.

(¹) La Présidente. «Il y avait à cette époque, à Paris, une jeune, belle et aimable femme, qui était bien connue du monde des artistes, autant par le magnifique portrait que Ricard avait fait d'elle, que parce qu'elle passait pour avoir servi de modèle au statuaire Clésinger dans l'exécution de la belle statue d'où date sa réputation : *La femme piquée par un serpent.*»

Madame S… demeurait rue Frochot, ne recevait que des artistes, et, chaque Dimanche, elle réunissait, autour de sa table, la plupart de mes amis. Th. Gautier, Flaubert, Bouilhet, Baudelaire Rayer, le compositeur, Préault, le statuaire, Maxime Ducamp, Henry Monnier, étaient ses hôtes habituels. Comme, selon le dire de Gautier, «elle se montrait supérieure aux autres femmes, d'abord en ce qu'elle était mieux faite, ensuite, parce que, contrairement aux habitudes des personnes de son sexe, elle n'exigeait point qu'on lui fît la cour, et permettait aux hommes de parler devant elle des choses les plus sérieuses et les plus abstraites, on l'avait surnommée LA PRÉSIDENTE, et Madame S... portait ce joli surnom avec tout l'esprit et toute la bonne grâce imaginable.»

(ERNEST FEYDEAU, *Souvenirs intimes de* TH. GAUTIER.)

(²) LOUIS. C'est Louis de Cormenin, fils du fameux pamphlétaire du règne de Louis-Philippe. Il est mort en 1866.

(³) Il y avait évidemment, ici, une pièce de vers de LOUIS DE CORMENIN, jointe à la Lettre de Gautier; cette pièce ne s'est pas retrouvée.

(⁴) Allusion à l'héroïne du scabreux roman de M™ᵉ GUYOT: «*Julie ou j'ai sauvé ma rose.*»

⁵) GÉRARD DE NERVAL.

(⁶) GISELLE, ballet de TH. GAUTIER (1841).

(⁷) Maitresse du bandit Caderousse, dans le *Monte-Christo* de DUMAS.

(⁸) Ici, encore des vers qui ne se sont pas retrouvés.

(⁹) De *Myélite*, inflammation ou ramollissement de la moëlle épinière.

(¹⁰) ALFRED DE MUSSET.